AF466178

L'EMPEREUR

NAPOLÉON III

ET

LES PRINCIPAUTÉS ROUMAINES

PARIS

IMPRIMERIE DE L. TINTERLIN ET Ce

Rue Neuve-des-Bons-Enfants, 3.

L'EMPEREUR
NAPOLÉON III

ET

LES PRINCIPAUTÉS ROUMAINES

NOUVELLE ÉDITION

PARIS
E. DENTU, LIBRAIRE-ÉDITEUR
PALAIS-ROYAL, 13, GALERIE D'ORLÉANS.

1858

L'EMPEREUR

NAPOLÉON III

ET

LES PRINCIPAUTÉS ROUMAINES

Le Congrès de Paris avait laissé pendante la question de l'Union des Principautés Roumaines : de nouvelles Conférences sont ouvertes pour la résoudre. Cette Union avait apparu comme le meilleur moyen de faire des Principautés une barrière naturelle qui fermât aux Russes le chemin de Constantinople. Si elle ne fut point décidée de suite, cela tint uniquement à ce que les plénipotentiaires de Turquie et d'Autriche nièrent que tel fût le vœu des habitants. Maintenant que le pays, régulièrement consulté, a voté l'Union à l'unanimité, il semble que rien ne doive plus retarder la sanction d'une mesure qui, en même temps qu'elle assure la prospérité des Principautés, sauvegarde les intérêts de l'Europe.

L'expression des vœux des Roumains s'est produite avec calme et dans un esprit de concorde qui a augmenté les sympathies de l'opinion publique pour leur cause. Ce peuple, que l'on croyait peu mûr encore pour la vie publique, a montré un grand sens pratique : les paysans, appelés pour la première fois aux assemblées de la nation, se sont moins préoccupés des réformes qui les concernent que de l'unité de la patrie ; les hommes les plus ardents ont été les premiers à se renfermer dans les limites du possible. Tous les partis, toutes les classes de la nation ont été entraînés dans un même élan de patriotisme : tous ont déclaré que sans Union il n'y avait nulle amélioration sérieuse à espérer pour les pays Roumains.

C'est ainsi que les populations de Moldavie et de Valachie ont répondu aux assertions du plénipotentiaire de Turquie qui avait dit au Congrès : « La séparation est la conséquence naturelle des mœurs et des habitudes qui diffèrent dans l'une et dans l'autre province ; quelques individus, sous l'influence de considérations personnelles, ont pu formuler un avis contraire à l'état actuel, mais telle n'est pas certainement l'opinion des populations; » — et que s'est trouvé confirmée la déclaration du plénipotentiaire de France, à savoir : « Que tous les renseignements s'accordaient à représenter les Moldo-Valaques comme unanimement animés du désir de ne plus former à l'avenir qu'une seule Principauté. »

Et il est bon de remarquer que, s'il y a eu une pression exercée sur le pays, elle l'a été exclusivement par les puissances qui combattaient l'Union : en effet, l'Autriche prolongea son occupation militaire toute une année après le traité de paix ; et la Turquie, par le choix de ses caïmacams, par l'arbitraire et l'illégalité de ses firmans, fit tout ce qu'elle put pour entraver la libre manifestation des vœux du pays et faire échouer la cause de l'Union ; les choses allèrent même si loin, on se le rappelle, qu'il fallut bien que la Sublime-Porte se résignât à annuler les premières élections moldaves, tant elles étaient scandaleuses.

La Turquie et l'Autriche avaient d'abord espéré soustraire la question de l'Union à l'examen des *Divans ad hoc;* mais les gouvernements de l'Occident ne le souffrirent point, puisque c'était surtout pour cela qu'on avait résolu de les convoquer. Alors ces deux puissances cherchèrent à obtenir du pays son propre suicide : mais le patriotisme roumain triompha des intrigues. Maintenant espèrent-elles que les Conférences de Paris vont leur sacrifier les droits des Principautés ?

La politique du Gouvernement français, chacun le reconnaîtra, a été jusqu'ici, dans cette question roumaine, aussi loyale que juste. Cette politique se trouve nettement tracée dans la note qui a été insérée au *Moniteur*, le 5 février 1857. Il n'est pas inutile d'en rappeler les termes :

« Le gouvernement de l'Empereur a toujours été inspiré par une double pensée dans les affaires d'Orient : s'il a entendu, dans un intérêt général de politique à la fois française et européenne, assurer l'indépendance et le maintien de l'Empire Ottoman, une de ses non moins constantes préoccupations a été de voir s'améliorer le sort des populations chrétiennes qui relèvent de la souveraineté ou de la suzeraineté du Sultan. Il regarde comme un des résultats les plus heureux de sa politique et des efforts de ses armes, d'avoir contribué à relever les conditions de ces nombreuses populations en leur faisant obtenir l'égalité des droits et les avantages de la liberté religieuse.

« Le gouvernement de l'Empereur était d'autant plus porté à tenir cette conduite, qu'il avait la conviction de servir à la fois la cause de l'humanité et de la civilisation, et de seconder les dispositions éclairées et bienveillantes du gouvernement ottoman.

« Parmi ces populations chrétiennes, celles de Servie, de Valachie et de Moldavie étaient dans une position particulière. En possession d'institutions propres, elles jouissaient de franchises et de priviléges anciens : il ne s'agissait donc que de leur assurer le maintien de ces avantages en les plaçant sous la garantie du droit européen, et d'y puiser de nouveaux éléments d'ordre et de prospérité pour le pays. C'est en se mettant à ce point de vue que le Congrès de Paris a décidé que les Principautés moldo-valaques seraient appelées à nommer deux assemblées ou divans *ad hoc*, ayant pour mandat spécial d'exprimer les vœux de ces provinces et d'indiquer les modifications qu'il conviendrait d'introduire dans leur organisation.

« Au premier rang de ces modifications éventuelles figure sans doute celle qui consisterait à réunir sous une seule et même administration la Moldavie et la Valachie. Le gouvernement de l'Empereur a saisi l'occasion naturelle que lui offrait le Congrès de Paris pour se prononcer formellement en faveur de cette combinaison.

« Déjà, dans la Conférence de Vienne, le plénipotentiaire de France avait exposé que la réunion était la combinaison la plus propre à assurer à la Moldavie et à la Valachie la force et la consistance nécessaire pour devenir, de ce côté, une barrière utile à l'indépendance du territoire ottoman. Le gouvernement de l'Empereur avait donc, dès le début, nettement exprimé sa manière de voir sur cette importante question. Il n'a pas cessé de la professer, et l'échange de communications qui a eu lieu dernièrement entre lui et les cabinets qui pensent différemment, à l'occasion des mesures à prendre à Constantinople pour la convocation des divans, n'a fait qu'affermir ses convictions. Il ne désespère pas de les voir prévaloir dans les conseils des puissances, car il lui paraît difficile que celle de toutes qui est la plus directement intéressée dans la question ne reconnaisse pas, quand le jour d'une délibération approfondie sera venu, que l'Union des Principautés, qui serait pour elle un gage nouveau de sécurité et d'indépendance extérieure et pour les populations un élément fécond de prospérité, n'a rien qui ne soit parfaitement d'accord avec les droits de suzeraineté actuellement exercés par la Sublime-Porte à l'égard des Provinces Danubiennes. »

La France a quelque droit de voir ses avis écoutés par la Porte ; car, ainsi que le disait, le 19 novembre 1853, le général Baraguey-d'Hilliers, en assurant S. M. le Sultan de l'amitié de S. M. l'Empereur des Français : la France est la plus ancienne, la plus désintéressée des alliées de la Sublime-Porte ; sa sincérité ne saurait être mise en doute.

L'alliance de la France avec les Turcs remonte, en effet, au temps de François Ier et de Soliman-le-Magnifique. La France est la première nation chrétienne qui ait fait amitié avec les Musulmans.

Et, au commencement de ce siècle, quand, après la bataille d'Austerlitz, l'ambassadeur ottoman vint, au nom de la Sublime-Porte, saluer l'empereur Napoléon, Napoléon lui dit : « Tout ce qui arrivera d'heureux ou de malheureux aux Ottomans sera heureux ou malheureux pour la France. Transmettez ces paroles au Sultan. Et qu'il s'en souvienne toutes les fois que mes ennemis, qui sont aussi les siens, voudront arriver jusqu'à lui. Il ne peut jamais avoir rien à craindre de moi. Uni avec moi, il n'aura jamais à redouter la puissance d'aucun de ses ennemis. »

Après la bataille d'Iéna, Napoléon écrivait du camp d'Ostérode, 3 avril 1807, au Sultan : « On m'a proposé la paix. On m'accordait tous les avantages que je pouvais désirer ; mais on voulait que je ratifiasse l'état de choses établi entre la Porte et la Russie par le traité de Sistow, et je m'y suis refusé. J'ai répondu qu'il fallait qu'une indépendance absolue fût assurée à la Porte, et que tous les traités qui lui ont été arrachés pendant que la France sommeillait fussent révoqués. »

Cette lettre de Napoléon avait été précédée et elle fut suivie d'assurances verbales, mais formelles, qu'il ne remettrait pas l'épée au fourreau que la Crimée n'eût été rendue au Croissant. Mais Sélim fut renversé par les Janissaires ; et Napoléon, voyant échouer ainsi les projets de réorganisation de l'armée ottomane et ne pouvant plus compter sur la coopération des Turcs, accepta l'entrevue de Tilsitt.

Toutefois, jamais Napoléon n'a consenti à sacrifier les

Turcs. Voici ses paroles : « Alexandre voulait Constantinople, je ne devais pas l'accorder : c'est une clé trop précieuse ; elle vaut à elle seule un empire ; celui qui la possédera peut gouverner le monde. — C'est surtout à cause des Grecs, ses coréligionnaires, que je n'ai pas voulu lui donner Constantinople ; il eût acquis une population dévouée, et la Russie eût pu un jour inonder l'Europe avec ses cosaques. — Constantinople m'a toujours apparu comme un intérêt français, parce que c'est le marais qui empêche de tourner la droite française. »

A Erfurth, 28 septembre 1808, il fut question entre l'empereur Napoléon et l'empereur Alexandre du partage de l'Orient. La France gagnait l'Égypte et la Syrie ; la Pologne renaissait de ses cendres. Napoléon pouvait poser sur sa tête la couronne d'Occident. « Le traité fut rédigé, dit-il ; mais, au moment de signer, je ne pus m'y décider. Qui me répondait que l'empereur Alexandre, une fois saisi de Constantinople, ne reviendrait pas à l'alliance anglaise pour me reprendre la Pologne et réduire la puissance française de telle sorte que la puissance russe n'eût plus eu ni rivalité ni contrôle. Et Alexandre m'en a toujours voulu. »

C'est ainsi que l'intérêt de la France et des Turcs se trouve rapproché, et que la France n'a reculé devant aucun sacrifice pour empêcher la conquête de Constantinople par la Russie. La pensée de Napoléon Ier a été suivie par Napoléon III. Si la Crimée n'a pas été arrachée à la Russie, du moins les traités qui avaient établi le protectorat russe sur les Principautés du Danube, pendant que la France sommeillait, ont été révoqués. Et ce n'est pas après une lutte aussi longue et aussi glorieuse que l'a été l'expédition de Crimée, que l'empereur Napoléon III pouvait tenir à Stuttgardt un langage moins ferme que l'Empereur son oncle ne le fit à Erfurth avec le premier Alexandre.

Dans sa correspondance avec le ministre anglais, M. Fox, le ministre français, Talleyrand, disait, le 1er avril 1806 : « L'intégrité, l'indépendance entière, absolue de l'Empire Ottoman sont non-seulement le désir le plus vrai de l'Empereur, mais le point le plus constant de sa politique. » — L'ambassadeur de France à Constantinople disait de même, en novembre 1853, à S. M. le Sultan : « S. M. l'empereur Napoléon espère que le différend qui s'est élevé entre la Sublime-Porte et la cour de Russie pourra s'aplanir, et que ce trouble passager, en posant nettement la question de l'intégrité de l'Empire Ottoman, ne fera qu'affermir une indépendance si précieuse à l'Europe entière et si nécessaire au maintien de la paix du monde. » Déjà la flotte française était partie pour l'Orient, et, le 2 décembre 1854, la France, en signant le traité d'alliance de Vienne, déclarait : qu'on prendrait pour base du rétablissement de la paix le maintien de l'intégrité territoriale de l'Empire Ottoman.

Le gouvernement français veut l'intégrité de l'Empire Ottoman ; il l'a inscrit en tête du traité de Paris. Mais il ne peut vouloir l'accroissement de cet empire. Or, les Principautés de Moldavie et de Valachie ne font point partie intégrante de l'Empire Ottoman.

Elles n'en faisaient point partie avant la guerre d'Orient, puisque, aux yeux de l'Europe, l'occupation des deux Principautés par les armées russes ne formait pas un *casus belli*. Ce que reconnaît la Porte elle-même quand elle dit, dans sa circulaire du 31 juillet 1856, publiée le 9 octobre, à Constantinople : « Si, au commencement de nos différends avec la Russie, les deux Principautés eussent été considérées partie intégrante de l'empire, la Russie n'aurait pas fait certainement ce qu'elle s'est permis de faire. Si l'Europe avait dit alors que la frontière de la Turquie commence au Pruth, la Russie ne l'aurait jamais franchie. »

Les traités de la Russie avec la Porte ont été abolis. Mais les droits des Moldo-Valaques ne pouvaient en être amoindris. Seulement, comme la Russie semblait les protéger dans un intérêt personnel, ils ont été placés sous la garantie collective des puissances européennes.

Le traité de Paris maintient la distinction radicale entre les sujets turcs et les Principautés. On peut comparer les articles 9, 22 et suivants, pour voir la différence que le traité établit entre les sujets auxquels le Sultan octroie un firman d'amélioration, et les Principautés, dont le sort doit être réglé d'après l'expression de leurs vœux et par les grandes puissances réunies en congrès. L'article 26 stipule pour les Principautés une armée nationale; l'article 27 dit qu'en cas de trouble intérieur les Turcs ne pourraient y intervenir sans un accord préalable avec les puissances garantes. A-t-on besoin de semblable autorisation quand il s'agit de simples provinces? L'article 21 annexe la partie de la Bessarabie restituée par la Russie à la Moldavie, sous la suzeraineté de la Porte, non à l'empire. Et si la Porte eût cru réellement que la Moldo-Valachie fît partie intégrante de l'empire, pourquoi auraitelle tant insisté pour que le Delta du Danube fût joint au territoire ottoman, non au territoire moldave?

La Turquie pense-t-elle pouvoir aujourd'hui opérer subrepticement, par un malentendu de protocole, la conquête des Principautés, alors qu'elle n'a pu les conquérir les armes à la main au temps des Bajazet, des Mahomet, des Selim et des Soliman? Croit-elle qu'un peuple, quelle que soit sa patience, se laisse ainsi supprimer? Espère-t-elle que l'Europe poussera jusque-là sa bienveillance envers elle?

Si la Sublime-Porte a été admise à participer aux avantages du droit public et du concert européen, si toutes les puissances se sont engagées à respecter l'indépendance et l'intégrité territoriale de l'Empire Ottoman, considérant tout acte de nature à y porter atteinte comme une question d'intérêt général (article 7 du Traité de Paris), ce fut à cette condition que la Turquie allait entrer dans la voie du progrès européen, qu'elle réaliserait les promesses contenues dans le hatti-humaïum du 18 février 1856, et qu'une nouvelle organisation serait donnée aux Principautés Roumaines, conformément à leurs vœux (articles 9, 23 et suivants).

Or, la Turquie n'a rien fait ou fort peu en faveur des raïas de l'empire. On a proclamé leurs droits sur le papier; mais c'est lettre morte. Ainsi, on avait promis d'armer les raïas, et, au lieu de les armer, on leur fait payer le rachat du service militaire: ils n'ont pas plus d'armes qu'auparavant; mais ils ont un impôt de plus. Voilà ce qu'ils ont gagné au hatti-humaïum dont on avait fait tant de bruit.

Et quand la Turquie ne peut pas même gouverner ses propres sujets, elle voudrait en conquérir de nouveaux!

Lors de l'invasion de la Moldo-Valachie par les Russes, le gouvernement de l'Empereur disait, dans sa circulaire du 15 juillet 1853 : « De quel droit les troupes russes ont-elles donc passé le Pruth, si ce n'est du droit de la guerre, d'une guerre, je le reconnais, dont on ne veut pas prononcer le vrai nom, mais qui dérive d'un principe nouveau, fécond en conséquences désastreuses, et qui n'irait à rien moins qu'à l'oppression en pleine paix des

États faibles par les États plus forts qui sont leurs voisins. » — La Turquie applaudissait alors à ce langage de la France. Suppose-t-elle aujourd'hui que la France tolérerait de sa part l'application d'un principe qu'elle n'a point souffert de la Russie. A-t-elle vraiment pu penser que la première conséquence de son entrée dans la famille européenne serait la consécration de son droit de conquête? Ce serait s'abuser étrangement sur sa propre force et sur la dignité des autres.

La Porte, de concert avec les puissances, a proclamé solennellement dans tous ses actes, au début de la question d'Orient, le maintien intact des droits et des priviléges des Principautés Danubiennes. Pourquoi se refuse-t-elle donc aujourd'hui aux mesures qui doivent assurer leur réorganisation sérieuse ?

Il s'agit de savoir si les Turcs veulent entrer oui ou non dans la voie de la civilisation. C'est la question des Principautés qui va servir à cette constatation devant l'Europe. La Turquie ne doit compter à bon droit sur l'appui de la France que si elle peut suivre la marche du progrès.

Or, le développement du principe de nationalité est aujourd'hui le premier caractère d'un État civilisé. La Turquie veut-elle favoriser l'essor régulier des races d'hommes qui sont renfermées dans son empire ; ou bien veut-elle employer toutes ses forces à l'étouffer ? C'est entre la politique barbare et la politique civilisée, qu'il lui faut choisir.

Les Turcs, qui ne se sont point assimilé les raïas de l'empire quand leur puissance politique et religieuse était à son apogée, ne le pourraient plus aujourd'hui : ils y ont renoncé. Dans son hatti-humaïum, le Sultan promet à tous l'égalité, sans distinction de race, ni de culte. Mais comment l'appliquer? S'il n'est plus fait dans l'État aucune distinction entre le raïa et le musulman, les raïas, plus nombreux, finiront par dominer l'État. Et quelle loi commune pourrait exister pour le raïa et le musulman : les croyances sont trop différentes. La loi de l'un découle de l'Évangile ; la loi de l'autre, c'est le Coran. C'est pourquoi il est impossible de rêver un État turc à la manière des États occidentaux, avec centralisation, unité administrative, législative, judiciaire. On ne pourrait y parvenir que par l'excès de l'indifférence religieuse. Mais elle n'a pas encore commencé en Orient. Ce qu'il faudrait, c'est que la Sublime-Porte facilitât le développement de chaque race d'hommes, en substituant peu à peu à l'autorité des pachas l'autorité des communes. Le Sultan serait ainsi le lien respecté, aimé et béni de tous. Constantinople resterait la ville universelle, le grand bazar des mondes entre les deux terres et les deux mers, capitale du Padischa des nations d'Orient. Mais cela, la Turquie le pourra-t-elle? Voilà la question, et cette épreuve est décisive, car de là dépend son existence.

Cette politique nationale si simple, qu'il suffit qu'un ministre éclairé du Sultan s'en fasse franchement l'organe pour qu'elle soit réalisée, et qu'ainsi commence, par l'initiative même des Turcs, la régénération de l'Orient, c'est là la vraie politique française, celle que la France se doit à elle-même de recommander, d'encourager sans cesse dans l'intérêt de la Turquie comme de l'Europe et pour la gloire de la civilisation.

L'autre politique d'écrasement et d'amalgame est celle que préconise l'Autriche. Et il semble à la Porte, en dépit des cultes opposés, que l'Autriche soit son alliée sincère, et que leur intérêt soit le même, parce que l'Autriche est, elle aussi, formée de peuples divers.

D'abord, il est utile de noter que cette agglomération de peuples sur le Danube, dont l'Autriche s'est faite la tête, a été précisément créée pour lutter contre les Turcs, de telle sorte que l'Autriche est le plus ancien ennemi de la Turquie.

En second lieu, le conseil que l'Autriche donne aujourd'hui à la Turquie, elle n'essaie de le suivre pour elle-même que depuis hier. Durant des siècles, elle a eu l'air de respecter les priviléges et immunités de ses diverses provinces, les franchises de leur langue nationale et leur autonomie. Ce n'est que depuis peu qu'elle prétend hautement tout germaniser. L'essai est-il si heureux que l'imitation doive tenter? Et encore l'Autriche ne comprend que des peuples chrétiens et l'appât des intérêts matériels fera, pense-t-elle, taire des dissidences. Mais, dans l'Empire Ottoman, il y a diversité de religion et mépris des intérêts matériels. Ce que l'Autriche ne peut pas réaliser, ce qu'elle ne fait qu'en recueillant l'exécration des peuples et ce qu'elle ne pourra poursuivre sans se briser en dix, elle l'offre en exemple aux Turcs pour régénérer leur empire !

Quant à l'Angleterre, sa politique permanente a été d'affaiblir l'Empire Ottoman. Chaque fois que le Sultan résiste à ses désirs, elle lui suscite des embarras, et les populations peuvent compter sur les sympathies britanniques jusqu'à ce que le Sultan ait cédé aux désirs personnels de l'ambassadeur anglais. Elle veut que les Turcs soient chaque jour plus faibles, mais elle ne veut point que les nations se développent. Elle suit en Turquie le système qu'elle a suivi dans l'Inde. Elle ne cherche pas encore à détrôner le Sultan, mais à gouverner sous son nom. Ce qu'elle désire, c'est que le Sultan règne et que l'ambassadeur d'Angleterre gouverne. Loin de craindre l'anarchie dans l'Empire, elle pense qu'elle aurait peut-être quelque profit à pêcher, elle aussi, en eau trouble. Si l'Angleterre a un but en Turquie, c'est de faire de la Turquie une Inde européenne.

Mais la France ne le souffrira jamais. Déjà les Turcs eux-mêmes commencent à entrevoir les projets de l'Angleterre, et c'est ce qui explique la retraite de celui qui fut le tenace représentant de la politique anglaise à Constantinople, durant un quart de siècle.

Quand les Turcs hésitent entre les conseils de la France et de l'Angleterre, qu'ils examinent soigneusement la conduite que les deux puissances ont constamment tenue vis-à-vis d'eux.

Est-ce que ce n'est pas l'un des premiers lords d'Angleterre et des plus influents aujourd'hui, qui écrivait, en 1828, dans son livre : *De l'Établissement des Turcs en Europe* : « Tant que le fanatisme féroce subsistera en Turquie, c'est-à-dire tant qu'il y aura des Turcs en Europe, les chrétiens ne doivent attendre de ces barbares qu'injures, outrages et violences. Race, religion, mœurs, usages, tout conspire pour empêcher que les Turcs gouvernent jamais avec équité la population chrétienne de leur territoire. »

A-t-on perdu à la Sublime-Porte le souvenir de ce violent article du *Times*, où le Sultan était traité d'idiot et menacé des rigueurs de la Grande-Bretagne, s'il mettait plus longtemps en oubli les devoirs qui venaient de lui être imposés quand il fut créé chevalier de la Jarretière.

L'Angleterre et l'Autriche s'accordent à accuser la France de ne point respecter, dans la question roumaine, les droits de la Turquie, et se posent en champions de l'intégrité de l'Empire Ottoman.

Or, l'Angleterre vient de lui enlever, en pleine paix, l'île de Perim, qui commande la mer Rouge, et dont elle veut faire un Gibraltar oriental, si l'on perce l'isthme de Suez. Elle s'oppose à ce qu'on joigne les deux mers; mais, si le passage est ouvert, elle veut en être la gardienne : les flottes de toutes les nations devront passer sous le feu de ses canons. Et c'est pour cela qu'elle a commis, sans hésitation ni scrupule, ce véritable acte de piraterie, qui est un outrage envers toutes les nations d'Europe, en même temps qu'un vol flagrant sur une puissance dont elle se dit la plus fidèle amie.

Les projets de l'Autriche sur l'Empire Ottoman ne datent point d'hier. Ses envahissements successifs des pays roumains y sont un acheminement. L'Autriche est la puissance qui a le plus démembré la nation roumaine. Le traité de Carlowitz, 26 janvier 1699, assura à l'Empereur la Transylvanie jusqu'à la Maros; celui de Passarowitz, 21 juillet 1718, lui assura le Banat de Temeswar et la petite Valachie en deçà de l'Olto; celui de Belgrade, 18 septembre 1739, restitua la petite Valachie, mais retint le territoire frontière, y compris le vieil Orszowa et Mehadia. Au moment du partage de la Pologne, l'Impératrice-Reine, en dissentiment avec la Russie, formait une convention secrète avec la Porte qui, en retour de son appui, devait lui céder la partie de la Valachie située à la droite de l'Olto. En 1777, l'Autriche se fit céder la Bukovine, et le traité de Sistow, 4 août 1791, sanctionna cette cession.

Ainsi, si la Russie a enlevé aux Roumains la Bessarabie, qui est une partie de la Moldavie, l'Autriche leur en a pris bien davantage. Si un favori écrivait en Crimée sur le passage de Catherine II : « Ceci est le chemin de Byzance », le généralissime des armées autrichiennes, le prince Eugène, avait dit à Belgrade : « Il faut à l'Empire les Balkans pour frontière. » L'Autriche n'est pas moins à craindre que la Russie pour l'Empire Ottoman.

Quand l'Autriche prit la Bukovine, des officiers de l'état-major autrichien avaient été chargés de faire un rapport sur les avantages que pouvait retirer l'Autriche de l'annexion de certains pays roumains. Il est parlé très-clairement dans ce rapport du partage de l'Empire Ottoman et de la possibilité pour l'Autriche de s'étendre sur les deux rives du Danube jusqu'à la mer Noire. Ces projets sont relatés par le comte de Mirabeau dans son ouvrage sur la monarchie prussienne et les États de l'Allemagne.

Si l'Autriche prétend qu'elle ne veut pas hâter la dissolution de l'Empire Ottoman, il n'en est pas moins évident qu'elle ne veut en prolonger la durée que jusqu'au moment où elle pourra en prendre sa part.

L'Autriche dit qu'elle est intéressée à ne pas laisser constituer sur ses frontières un noyau de nationalité roumaine, puisque cela pourrait être une perpétuelle tentation, pour les pays roumains qu'elle possède, de se détacher d'elle, Transylvanie, Banat et Bukovine, et de se joindre à leur centre national; ce qui serait une cause de trouble et un affaiblissement pour l'Empire. Mais les puissances peuvent répondre qu'elles sont d'autant plus intéressées, elles-mêmes, à ne pas laisser grandir sur le Danube l'influence de l'Autriche, puisqu'elle pourrait en prendre occasion de se saisir de tous les pays roumains.

La Turquie s'effraie pour elle de l'identité de religion entre les Roumains et les Russes : mais l'identité de race entre les Roumains de Moldo-Valachie et les Roumains soumis à l'Autriche lui paraît-elle un moindre danger ? Si le tzar parlait aux Roumains de la croix grecque, et de Sainte-Sophie, et du Saint-Sépulcre, l'empereur d'Autriche, en 1849, ne disait-il point aux Roumains de Transylvanie en exploitant de vieux souvenirs : « *Romanorum Imperator sum.* »

L'Autriche convoite évidemment plus d'un pays tributaire ou sujet de la Porte. Non contente d'empiéter peu à peu au delà de sa frontière par de hardies poussées d'aigles, elle est en train maintenant de tendre ses filets sur plus d'une province. La laissera-t-on faire?

Napoléon avait pressenti ses projets : « Ce fut à contre-cœur que Marie-Thérèse entra dans la conjuration contre la Pologne. On redoutait à Vienne les inconvénients attachés à l'agrandissement de la Russie; on n'en éprouva pas moins une grande satisfaction à s'enrichir de plusieurs millions d'âmes et à voir entrer bien des millions dans le trésor. Aujourd'hui, comme alors, la maison d'Autriche répugnera, mais consentira au partage de la Turquie : elle trouvera doux d'accroître ses vastes États de la Servie, de la Bosnie et des anciennes provinces Illyriennes dont Vienne fut jadis la capitale. »

On a parlé de la possibilité d'une régénération nationale des Slaves du Sud, par l'Autriche, et cette utopie fut le prétexte dont se couvrit le ministre de France pour abandonner la Hongrie à l'Autriche. Les Hongrois ont été domptés. Qu'a-t-il été fait pour eux et pour les Slaves du Sud? Il est naturel que l'Autriche, qui a détruit l'autonomie hongroise, tienne à ce que la Turquie détruise l'autonomie roumaine. Et si cette autonomie était détruite par le consentement des puissances européennes, ce serait la justification de la conduite autrichienne en Hongrie. Mais qu'y gagneraient les Roumains? Qu'y gagneraient même les Turcs.

L'Autriche intrigue en Servie, intrigue dans le Monténégro; elle voudrait empêcher que rien de stable ne se constituât en Moldo-Valachie. Car alors elle espérerait dominer de faibles princes par ses consuls, en obtenir concession sur concession, enserrer le pays dans le lien des intérêts matériels, et y opérer peu à peu une colonisation qui tenterait les Allemands plus que ne les tente l'Amérique ou l'Australie, et qui lui permettrait de s'approprier ainsi le pays en peu d'années. Et cela sans que l'Europe ne voie ni ne sache rien, puisqu'elle tient la Roumanie au secret, et que rien ne passe en transit, marchandises ni journaux, sans la permission de l'Autriche, et que les puissances ne réclament même pas contre un abus si révoltant.

Le développement de la puissance autrichienne sur le Bas-Danube serait très-dangereux pour les Roumains, car l'exemple de la Gallicie autrichienne comparée à la Pologne russe, montre que si les Russes compriment un peuple, les Autrichiens savent le ruiner et dénationaliser ; — pour les Turcs, car la mission du comte Leiningen, exigeant la remise des réfugiés hongrois et polonais à l'Autriche, ne fut guère moins hautaine que celle du prince Mentschikoff demandant la protection de tous les chrétiens sujets de la Porte ; — pour les puissances occidentales, car l'Autriche est l'État le plus rétrograde de l'Europe : c'est l'ancien régime au dehors, un résidu du Saint-Empire. Formée uniquement des débris de plusieurs peuples détruits par elle, elle est l'ennemie-née des nationalités. L'Autriche n'a jamais été une nation ; c'est moins un gouvernement qu'une bureaucratie, une simple compagnie d'exploitation. L'Autriche est plus réactionnaire que la Russie, car du moins la Russie est une nation, ambitieuse et conquérante, il est vrai, mais agissante; tandis que l'Autriche ne conquiert même pas, elle ronge : elle a plus gagné par ses ruses, ses mariages, sa neutralité, que par ses armes.

Et c'est parce que l'Autriche est, en Europe, le principal empêchement au progrès, qu'il est si funeste de s'allier à elle. Elle a une portion de sept nations différentes : Allemagne, Italie, Pologne, Bohême, Hongrie, Roumanie, Serbie. Dès qu'on garantit à l'Autriche l'intégrité de son territoire, on ne peut affranchir aucun peuple. Et c'est là la fatalité de ceux qui, désespérant de leur force d'action, croient avoir besoin de s'appuyer sur elle.

La France a trop souvent oublié la grande pensée qui guida François Ier, Henri IV et Louis XIV dans leur politique extérieure, et qu'un instant continua Napoléon, l'abaissement de la maison d'Autriche. Car la mission de la France est de combattre l'ancien régime au dehors comme à l'intérieur, de susciter partout l'essor des nationalités, et, par conséquent, l'Autriche est la première ennemie de la France,

Aussi, dès que commença la révolution française, l'Autriche rédigea à l'instant la déclaration de Pilnitz, qui était la négation de la Révolution, 21 août 1791. Et bientôt après, 18 mars 1792, le ministre autrichien, comte de Cobentzel, associé au vieux Kaunitz, écrivit une note courte, sèche et dure, qui n'était qu'une sommation à la France de détruire son œuvre de trois années, et qui obligea le roi Louis XVI à venir lui-même, le 20 avril, proposer à l'Assemblée nationale de déclarer la guerre à l'Autriche, en disant : Tous préfèrent la guerre à voir la dignité du peuple français outragée et la sûreté nationale menacée.

Ainsi s'est engagée, par le fait de l'Autriche, cette guerre qui se prolongea un quart de siècle. C'est de Vienne qu'est partie la provocation de guerre contre la France, et c'est dans Vienne que s'est réuni le congrès des puissances contre la France en 1815. C'est le même empereur François II qui, dès les premiers jours de son règne, se mettait à la tête de la coalition, et qui, plus tard, par sa fille Marie-Louise, consomma la ruine de son gendre l'empereur Napoléon; puis, une fois en Russie, l'attaqua par derrière et vint le détrôner à Paris. Au début et à la fin nous retrouvons la maison d'Autriche comme notre ennemie mortelle.

L'erreur capitale de Napoléon fut, au lieu de créer une société nouvelle, de vouloir amalgamer au dedans et au dehors l'ancien régime et le nouveau, de chercher à séduire, convertir et rallier l'Autriche et les nobles. Il crut qu'il se les était attachés : il n'avait fait que leur donner des armes contre lui. Quand il le reconnut, il était trop tard.

Il disait à Sainte-Hélène : « Je fis une grande faute après Wagram, celle de ne pas abattre l'Autriche davantage. C'est elle qui nous a perdus. J'aurais dû ne traiter avec l'Autriche que sous la séparation préalable des couronnes de Hongrie et de Bohême. »

Et il ajoutait : « Ma plus grande faute, c'est mon mariage avec une princesse autrichienne. Si je fusse mort à Schœnbrunn, assassiné par Stabs, ma mort eût été moins funeste à la France que ne le fut cette alliance. J'ai mis le pied sur un abîme recouvert de fleurs. »

On s'est étonné de voir l'Autriche sauvée par la Russie qui lui soumit la Hongrie, en 1849, abandonner la Russie, en 1853, dans la guerre d'Orient, tenir ce rôle ambigu qui lui permettait de dire aux puissances alliées : « Je contiens la Russie » ; à la Russie : « J'empêche l'armée franco-anglaise de vous poursuivre et envahir ; » toujours prête à féliciter le vainqueur, se bornant à détenir les Principautés, et certaine, après que les puissances se seraient épuisées dans la lutte, de faire pencher la balance là où elle se porterait.

Mais c'est ce qu'elle fit au commencement de ce siècle, au grand scandale des peuples : en 1812, l'Autriche versa son sang pour la cause de la France; en 1813 elle le prodigua pour soutenir le parti contraire.

Comment pouvoir jamais se fier à l'Autriche? « — Ces Autrichiens sont toujours les mêmes ; jamais de franchise dans leurs actes, » disait Napoléon à Sainte-Hélène.

Déjà, dans la campagne de Dresde, il disait aux siens :

« La politique de l'Autriche ne change pas. Les alliances, les mariages peuvent suspendre sa marche, mais ne la détournent jamais. L'Autriche ne renonce point à ce qu'elle est forcée de céder. Tant qu'elle est la plus faible, la paix dans laquelle elle se réfugie n'est qu'une trêve; en la signant, elle médite une guerre nouvelle.

« Observez-la depuis vingt ans ; après nous avoir combattu pendant cinq campagnes acharnées, elle ne se résout à suspendre les hostilités à Leoben, que parce qu'il n'y a plus d'autre moyen de nous empêcher d'entrer dans Vienne.

« Un an après, elle apprend mon départ et celui de mon armée pour l'Égypte; aussitôt elle recommence la guerre; si, en 1801, elle signe la paix de Lunéville, c'est que les vainqueurs de Hohenlinden menacent de nouveau sa capitale.

« En 1805, elle croit nous surprendre au milieu de nos projets de descente en Angleterre; elle reparaît sous les armes; mais cette fois elle perd Vienne et la bataille d'Austerlitz; il faut bien enfin se soumettre.

« Trois ans sont à peine écoulés, qu'elle oublie ses leçons précédentes. En 1809, elle nous voit engagés au fond de l'Espagne et elle nous attaque avec une nouvelle confiance. Ce n'est qu'après avoir perdu Vienne et la bataille de Wagram qu'elle consent à la paix.

« Aujourd'hui, l'Autriche croit avoir des chances plus favorables que jamais, et vous la voyez qui se déclare encore.

« En un mot, l'Autriche ne sait rien oublier; elle sera notre ennemie non-seulement tant qu'elle aura des pertes à réparer, mais encore tant que la puissance de la France pourra lui faire craindre de nouveanx affronts. Cet instinct de jalousie est plus fort que tous les intérêts, que toutes les affections : jugez-en par l'inutilité de nos efforts....

« Les cabinets de l'Europe ont dans leurs archives des pièces qui prouvent combien l'Autriche, sous les fausses apparences de l'amour de la paix, nourrissait de jalousie contre la France. Le cabinet de Vienne a prostitué, à Prague, ce qu'il y a de plus sacré parmi les hommes, un médiateur, un congrès et le nom de la paix. »

Napoléon disait encore : « La Russie a droit à une paix avantageuse ; elle l'aura achetée par la dévastation de ses provinces, par la perte de sa capitale, et par deux années de guerre. L'Autriche, au contraire, n'a rien mérité : j'éprouverais une véritable répugnance à la voir, pour prix du crime qu'elle commet en violant notre alliance, recueillir le fruit et les honneurs de la pacification de l'Europe..... Et c'est sans coup férir, sans même tirer l'épée, que l'Autriche se flatte de me faire souscrire à de telles conditions ! Sans tirer l'épée, cette prétention est un outrage. »

Ces dernières paroles que Napoléon adressait à Metternich, le 28 juin 1813, dans Dresde, ne peut-on les redire aujourd'hui !

Si l'Autriche a été funeste à Napoléon Ier dans la guerre de Russie, puisqu'une fois allié à l'Autriche il n'avait plus rien à dire aux peuples et perdait ainsi son meilleur appui; l'Autriche n'a pas été moins funeste à Napoléon III dans la seconde guerre de Russie ; car, dès que l'alliance autrichienne eut été signée, le continent se trouva fermé à la France, l'armée française ne pouvait plus passer le Danube et les peuples sentirent qu'on ne ferait rien pour eux ; il ne restait plus à nos soldats qu'à mourir du choléra dans la Dobrucza ou à s'en aller combattre en Crimée, comme en un champ clos, bravement, mais sans grands résultats possibles.

La neutralité autrichienne nous a été funeste. Et l'Autriche réclame le prix de cette neutralité. Elle seule n'a rien perdu dans la guerre d'Orient, ni un ducat ni un homme, et c'est elle qui retirerait le fruit de la guerre d'Orient ! D'où lui vient donc une telle outrecuidance ?

Jamais l'Autriche n'aurait élevé semblable prétention contre la France si elle n'eût été appuyée par l'Angleterre. Mais, cet appui de l'Angleterre est-il donc tel qu'un gouvernement puisse s'y fier complétement. Ceux qui pensent aujourd'hui trouver là leur sauvegarde n'ont qu'à se rappeler ces paroles de Napoléon :

« Peut-il y avoir rien de comparable au machiavélisme des ministres anglais, à leur égoïsme devant les convulsions provoquées par eux-mêmes.

« Ils sacrifièrent la malheureuse Autriche, en 1805, uniquement pour échapper à l'invasion dont je les menaçais.

« Ils la sacrifièrent encore en 1809, seulement pour se mettre plus à l'aise sur la Péninsule espagnole.

« Ils sacrifièrent la Prusse, en 1806, dans l'espoir de recouvrer le Hanovre.

« Ils ne secoururent pas la Russie, en 1807, parce qu'ils préféraient aller saisir des colonies lointaines et qu'ils essayaient de s'emparer de l'Égypte.

« Ils donnèrent le spectacle de l'infâme bombardement

de Copenhague, en pleine paix, et du larcin de la flotte danoise par un vrai guet-apens.

« Enfin, durant toute la guerre de la Péninsule, dont ils cherchent à prolonger la confusion et l'anarchie, on ne les voit s'empresser qu'à trafiquer des besoins et du sang espagnol, en faisant acheter leurs services et leurs fournitures au poids de l'or et des concessions.

« Quand toute l'Europe s'égorge à la faveur de leurs intrigues et de leurs subsides, eux ne s'occupent à l'écart que de leur propre sûreté, des avantages de leur commerce, de la souveraineté des mers et du monopole du monde. »

Et, maintenant, le même égoïsme caractérise la politique anglaise dans la question des Principautés Roumaines.

Il est triste de voir les ministres d'un grand peuple changer aussi complétement de langage, du jour au lendemain et sans motif sérieux, sur une question aussi simple. Le sixième protocole du Congrès de Paris, séance du 8 mars 1856, porte : « M. le premier plénipotentiaire de la Grande-Bretagne approuve et appuie la même opinion (celle émise par le comte Walewski, que la réunion des deux provinces répondait à des nécessités révélées par un examen attentif de leurs véritables intérêts), en se fondant particulièrement sur l'utilité et la convenance à prendre en sérieuse considération les vœux des populations, dont il est toujours bon, ajoute-t-il, de tenir compte. » C'est sous l'administration de lord Palmerston que lord Clarendon a tenu ce langage. Et le même lord Palmerston a, presque aussitôt après le traité, combattu l'Union des Principautés ; et quand les assemblées roumaines se sont unanimement prononcées pour l'Union, il ne tient aucun compte des vœux des populations. Mais il dit, en plein

Parlement (séance du 4 mai 1858) : « Qu'on ne peut point s'immiscer dans les affaires des provinces (Moldavie et Valachie), qui sont sous la souveraineté de la Turquie ; qu'en adhérant à l'Union sous un prince étranger, les Provinces agissent sous une influence et des intrigues du dehors ; que les cinq puissances de l'Europe n'eussent pu agréer aucun catholique romain, et, qu'en réalité, l'Union, sous un prince étranger, n'avait en vue que l'Union sous un prince de la famille royale de Russie. »

Ces paroles sont, pour le moins, étranges ; car si les puissances garantes ne peuvent s'immiscer dans les affaires de ces pays, pourquoi y avoir convoqué des divans *ad hoc* et y avoir envoyé des commissaires ? S'ils sont sous la souveraineté de la Turquie, pourquoi avoir écrit au traité que la Turquie n'en est que suzeraine ? Le noble lord doit savoir que l'Union et le prince étranger forment deux vœux séparés ; que la pensée exprimée par les Moldaves et par les Valaques est celle-ci : l'Union est bonne, elle serait meilleure avec un prince étranger. Et il ne doit pas ignorer que s'il y a eu intrigues ou influences du dehors, elles ne sont provenues que des puissances hostiles à l'Union ; que s'il est des représentants de puissances qui ne se soient pas strictement tenus en dehors de toute action administrative, ce ne sont point ceux de la France, de la Prusse, ni de la Sardaigne. Le noble lord craint que le prince étranger ne soit un Russe ; mais précisément les divans ont entendu donner l'exclusion aux princes des puissances voisines, c'est-à-dire turque, russe et autrichienne. Il déclare que les cinq puissances de l'Europe ne pourraient agréer de catholique romain : mais il n'a point vu, ce nous semble, que les Roumains se soient prononcés contre un membre de la famille royale d'Angleterre. Puis, il y a des puissances que l'on regarde comme catholiques, et qui, pourtant, sont sans religion d'État, et, par conséquent, sans fanatisme religieux. Et le noble lord pense-t-il que l'influence de l'Autriche, intolérante, apostolique et papiste, serait moins funeste à l'Angleterre sur le Danube, que le gouvernement, par exemple, d'un prince tolérant et libéral de la maison de Savoie? Tous les scrupules auraient dû s'évanouir devant cette disposition des vœux roumains, que les héritiers du nouveau prince doivent être élevés dans la religion du pays. Ce qui, d'ailleurs, est conforme à ce qui a été, en 1852, stipulé à Londres pour la succession au trône de la Grèce.

Le chancelier actuel de l'échiquier, M. D'Israëli, reprochait amèrement à lord John Russell, de tenir à Londres un autre langage que celui qu'il avait tenu aux conférences de Vienne. Mais quand il combattait, avec quelque légèreté, on peut le dire, les droits du peuple Roumain, M. d'Israëli avait-il donc oublié qu'il s'en était constitué le défenseur à la séance des communes du 8 juin 1855, où il demandait la constitution sur le Danube d'un État Roumain, qu'il appelait une seconde Belgique. Quel motif grave avait pu déterminer l'honorable gentleman à renier ainsi sa parole, pour adopter exactement la politique du ministre qu'il avait combattu et renversé : c'est ce que l'on a vainement cherché. Et cela n'ajoute pas à la considération des ministres de la Grande-Bretagne.

Napoléon disait à Sainte-Hélène : « Depuis un demi-siècle, les ministres anglais ont toujours été en baissant de considération et d'estime publique. Jadis ils étaient disputés par de grands partis nationaux, caractérisés par de grands systèmes distincts ; aujourd'hui ce ne sont plus que les débats d'une même oligarchie ayant toujours le même but et dont les membres discordants s'arrangent entre eux à l'aide de concessions et de compromis : ils ont fait du cabinet de Saint-James une boutique. La politique de lord Chatam pouvait avoir ses injustices ; mais il les proclamait du moins avec audace et énergie : elles avaient une certaine grandeur. M. Pitt y a introduit l'astuce et l'hypocrisie. Lord Castelreagh, son soi-disant héritier, y a réuni le comble de toutes les sortes de turpitudes et d'immoralités. »

Et que dire maintenant de la politique brouillonne et tracassière de lord Palmerston, qui toujours agite les peuples et toujours les abandonne, les soutenant tout juste le temps qu'il faut pour susciter des embarras aux autres gouvernements ou pour ressaisir un ministère. Pourtant, c'est l'homme d'État le plus populaire de l'Angleterre. Et l'on ne sait que penser de ses incolores rivaux. La politique anglaise n'a rien gagné en grandeur, ni rien perdu en immoralité, ni en hypocrisie. Elle est seulement devenue plus légère et plus inconséquente.

M. D'Israëli disait, il y a quelques années, en combattant sir Robert Peel : « Que ce qui constituait à ses yeux un grand homme d'État, c'était un homme qui représente une grande pensée, une pensée qu'il incarne en lui, une pensée qui peut le conduire au pouvoir, une pensée qu'il peut développer, une pensée qu'il peut et qu'il doit faire pénétrer dans l'esprit d'une grande nation. » — Quelle est donc aujourd'hui la grande pensée qui guide les hommes d'État de l'Angleterre? Ils ne la disent point et l'on ne peut la deviner. Ils changent constamment de langage, de vues et de systèmes, et il est même permis quelquefois de douter que ces changements soient dans le plus grand intérêt de l'Angleterre.

Dans la question des Principautés Roumaines on comprendrait encore que les hommes d'État d'Angleterre fussent venus dire : « Nous avons proposé telle chose ;

mais, comme nous voyons que c'est opposé aux intérêts de la Grande-Bretagne, nous proposons le contraire. » Un tel langage n'est point chevaleresque, mais du moins il serait clair. Il serait plus digne, assurément, que l'emploi de tous ces subterfuges que l'on voit surgir à chaque instant. On ne s'étonnerait point de voir l'Angleterre sacrifier l'intérêt d'un autre peuple à son propre intérêt: car ce fait ne serait pas nouveau. Mais que l'Angleterre sacrifie un peuple sans motif réel, et contrairement à ses intérêts personnels, voilà ce qui étonne. Or, il est certain que l'Union des Principautés Roumaines serait favorable aux intérêts britanniques.

Le très-habile lord Redcliffe, qui a, durant tant d'années, dirigé la politique anglaise comme ambassadeur à Constantinople, en avait jugé ainsi quand il avait si chaudement mis en avant la question de cette union. Il insistait en même temps pour que le Dniester fût donné pour frontière à la Moldo-Valachie, afin de fortifier les Principautés. Comment se fait-il donc qu'il ait non moins chaudement combattu l'Union quand la Bessarabie ne fut restituée que pour une faible partie à la Moldavie. Il semblerait que la faiblesse de la Moldavie dût être une raison de plus pour que l'Union fût souhaitable, que l'Union fût d'autant plus nécessaire que, du côté de la Russie, les Principautés se trouvaient sans frontières sérieuses. La conduite du noble lord a fait douter si la question roumaine avait été pour lui autre chose qu'un simple jeu, comme une machine dont il se servait pour effrayer la Porte, changer les ministres qui lui déplaisaient et dominer le Sultan.

Il ne suffit point de dire, pour justifier l'Angleterre, qu'en politique on ne peut pas toujours suivre les principes; car c'est avouer que cette politique est immorale. Et quand la violation des principes n'est point motivée par un grand intérêt, c'est une politique qui n'est même pas sensée.

Les Anglais ont eu quelque jalousie des sympathies si vives qui ont été témoignées à la France dans les Principautés; mais ces sympathies n'ont pas été moindres pour la Sardaigne. Il est à croire qu'elles eussent été doubles pour l'Angleterre, si l'Angleterre eût doublement appuyé les vœux dont les Roumains regardaient la réalisation comme la condition essentielle de leur prospérité à venir.

Mais que voulait-on que disent les Roumains, quand on essayait de leur prouver que l'union ne fait pas la force et qu'ils seraient plus heureux en restant séparés, alors qu'ils sentent que leurs maux viennent surtout de cette séparation ; et que pouvaient-ils penser quand ils apprenaient que ceux qui poussaient le plus à la violation de la légalité étaient les ministres de la nation qu'on appelle la terre de la légalité ; que ceux qui s'opposaient le plus à leur Union étaient précisément les représentants de la souveraine qu'on appelle la reine du Royaume-Uni?

Et n'est-ce pas une chose bien propre à bouleverser l'esprit, que ce soit l'Angleterre, constitutionnelle et protestante, qui veuille livrer un peuple chrétien à la merci des Turcs. Nous ne savons si cela peut servir son commerce ; mais assurément cela n'aidera pas à sa propagande chrétienne et libérale ; car cet acte entache gravement l'honneur britannique en Orient.

Les hommes d'État d'Angleterre parlent sans cesse de la nécessité de combattre l'influence russe en Orient. Or, leur conduite en tout ceci ne fait qu'augmenter cette influence ; puisqu'ils donnent à la Russie l'occasion d'élever de nouveau la voix en faveur des chrétiens qu'on sacrifie.

Ils ne craignent pas d'avouer dans l'intimité que l'Union Roumaine est bonne; mais ils disent : « Comme il nous a semblé que le gouvernement français s'alliait secrètement à la Russie, nous avons dû chercher d'autres alliances et, par conséquent, faire concession à l'Autriche. » Ils se rappellent la prédiction de Napoléon, qui disait aux Anglais à Sainte-Hélène : « Vous finirez comme la superbe république de Venise. » Et, comme ils n'ont pas oublié la malédiction du martyr, qui dit en mourant : « Je lègue l'opprobre et l'horreur de ma mort à la famille régnante d'Angleterre, » ils tremblent en voyant que l'héritier du nom de Napoléon aurait la force de les châtier. Ils connaissent aussi les ressentiments de la Russie, et ils en ignorent d'autant moins la portée qu'ils se sont plus d'une fois produits par des paroles violentes telles que celles-ci, par exemple, qu'imprimait la *Gazette de Moscou*, le 27 décembre 1832 : « Comment cette Albion endettée ose-t-elle réveiller l'ours polaire? Non, il faut que le tour de l'Angleterre vienne sous peu; il n'y aura plus de traité à signer avec ce peuple, si ce n'est à Calcutta. »

Eh bien! si les Anglais redoutent tant une alliance franco-russe, pourquoi font-ils précisément ce qui pourrait l'excuser aux yeux des peuples? Il n'y a de salut aujourd'hui pour l'Angleterre que si elle se montre plus juste, plus sincèrement libérale, plus dévouée à la cause des nations. Mais si elle-même les sacrifie au despotisme, comment pourrait-elle à l'heure du péril crier à la ligue des despotes ?

Quand Napoléon exposait à Sainte-Hélène son projet d'agrandir Cherbourg, il disait : « J'étais résolu de renouveler à Cherbourg les merveilles de l'Égypte; j'avais élevé déjà dans la mer une colonne; j'aurais eu aussi mon lac Mœris. Mon grand objet était de concentrer à Cherbourg toutes nos forces maritimes; et, avec le temps, au besoin, elles eussent été immenses, afin de pouvoir porter le grand coup à l'ennemi. J'établissais mon terrain de manière à ce que les deux nations tout entières eussent pu, pour ainsi dire, se prendre corps à corps ; et l'issue ne devait pas être douteuse, car nous aurions été plus de quarante millions de Français contre quinze millions d'Anglais ; j'eusse terminé par une bataille d'Actium. Et puis, que voulais-je de l'Angleterre? Sa destruction? Non, sans doute. Je ne lui demandais que le terme d'une usurpation intolérable, la jouissance de droits imprescriptibles et sacrés, l'affranchissement, la liberté des mers, l'indépendance, l'honneur du pavillon ; je parlais au nom de tous et pour tous, et je l'eusse obtenu de gré ou de force : j'avais pour moi la puissance, le bon droit, le vœu des nations.... Si jamais une armée victorieuse entrait dans Londres, on serait étonné du peu de résistance qu'opposeraient les Anglais. »

Aujourd'hui, la pensée de l'empereur Napoléon est accomplie : Cherbourg est prêt, et de plus la vapeur a, pour ainsi dire, ponté le détroit. L'Angleterre est donc tenue à être constamment juste envers la France. Elle peut à bon droit se croire moralement invulnérable tant qu'elle se borne à refuser des concessions qui seraient condamnées par l'opinion publique des deux pays. Mais le jour où, dans une question extérieure, la France se sentirait humiliée, rien ne pourrait plus prévenir la lutte.

Et puisque les plénipotentiaires sont en conférence, nous soumettons encore ces réflexions de Napoléon à la méditation des hommes d'État de l'Angleterre : « Ah ! si l'Angleterre s'était assise au congrès des rois comme protectrice naturelle des institutions constitutionnelles, que n'auraient point donné ces pauvres peuples pour n'être pas replacés sous le joug de fer d'un czar ou de l'inquisition. Quel noble rôle et quelle belle occasion pour acquérir au commerce anglais le marché de toute l'Europe. Qu'avait de mieux à faire le cabinet de Saint-James que de donner la main à ces beaux élans de la régénération moderne, qui tôt ou tard s'accomplira, et contre laquelle les rois de droit divin et l'oligarchie s'épuisent en vains efforts. C'est la roche de Sisyphe qu'ils tiennent élevée sur leurs têtes : elle les écrasera quand quelques bras se lasseront. Le ministère anglais qui se mettra à la tête des idées libérales du continent recueillera les bénédictions de l'univers et tous les griefs contre l'Angleterre seront oubliés. »

Que l'Angleterre s'unisse donc à la France pour consolider la paix en Orient par la constitution d'un État Roumain. L'importance de la question est capitale. Le prince de Talleyrand, en effet, disait : « Le centre de gravité du monde n'est ni sur l'Elbe, ni sur l'Adige, il est là-bas aux frontières de l'Europe, sur le Danube. » Et la France aujourd'hui peut dire à l'Angleterre, comme autrefois Talleyrand le disait en qualité de ministre de France au plénipotentiaire anglais Lauderdale, le 18 septembre 1806 : « La France ne doit abandonner ni les intérêts de l'Empire Ottoman, ni une position qui la mette à portée de soutenir cet empire contre les agressions dont la Russie le menace ouvertement. »

Quand Napoléon critiquait le traité de 1815, il disait : « On ne devait pas laisser la Russie usurper le protectorat des provinces du Danube ; la Russie est envahissante de sa nature ; tôt ou tard elle fera irruption en Europe. » — L'invasion des Russes fut la préoccupation constante des derniers jours de Napoléon, de même que Charlemagne mourant prédisait l'invasion des Normands. Mais l'Europe sait qu'elle n'est plus au temps de Louis-le-Débonnaire.

La Russie a voulu envahir. Alors la guerre d'Orient s'en est suivie et les soldats de la France sont allés couvrir Constantinople. Le 2 juillet 1855, l'empereur Napoléon III disait au Corps législatif : « Nous avons demandé une meilleure constitution des Principautés, afin qu'elles servent de rempart contre ces invasions sans cesse renaissantes du Nord. » C'était la même pensée que celle de Trajan quand il fit des Roumains un rempart contre les Barbares.

Il est juste de convenir que la conduite du gouvernement français, dans la question des Principautés, a été constamment droite et ferme. Il a plus d'une fois déclaré y persister, notamment en réponse aux faux bruits de la presse autrichienne.

Pourtant comme l'Empereur, à l'ouverture du Corps législatif, le 18 janvier 1858, a déclaré qu'il apportera un grand esprit de conciliation dans les conférences qui vont s'ouvrir, et que, dans un écrit qui a eu beaucoup de retentissement (*l'Empereur Napoléon III et l'Angleterre*), on insistait sur ce fait que l'Empereur s'était montré bien conciliant dans l'entrevue de Osborne, bien des gens en ont conclu que la cause de l'Union était sacrifiée par la France. C'est sans doute trop se hâter : car si l'Empereur peut faire concession sur le choix du prince roumain, il ne pourrait en faire sur la question même de l'Union, puisque alors ce ne serait pas seulement une concession, mais un véritable abandon.

Toutefois, les ministres d'Angleterre ont récemment déclaré au Parlement que le Gouvernement français était d'accord avec l'Angleterre sur les Principautés, et cette déclaration avait pour but et eut pour effet d'influer sur le vote des Communes au sujet de la motion de M. Gladstone en faveur de l'Union.

C'est alors qu'un journal anglais s'est écrié : Qu'est-ce que les peuples pourraient encore attendre de la France? Les Italiens avaient été encouragés par elle, et cela a abouti au bombardement de Rome. Les Polonais ont beaucoup espéré de la guerre d'Orient, et il n'a pas même été question d'eux au Traité de Paris. Les Roumains ont compté sur la parole de l'Empereur des Français, et voilà qu'on les abandonne ; l'intérêt de la France s'est reporté sur le Montenegro. Qui sait? demain, peut-être, nos versatiles voisins se passioneraient-ils pour la question de Monte-Christo ?

Est-ce bien vraiment à l'Angleterre qu'il appartient de se constituer l'interprète des griefs des peuples contre la France. L'Angleterre a-t-elle oublié la mission agitatrice de lord Minto en Italie, en l'année 1847, ou croit-elle que le cabinet de Saint-James ait fait quelque chose en faveur des Siciliens et des Lombards en 1848? Si la paix s'est conclue si vite et sans qu'il ait été rien fait pour la Pologne, ne serait-ce pas en grande partie parce que les ministres d'Angleterre se refusaient à ce que la guerre fût portée sur le continent, mais persistaient à vouloir la réduire à une guerre maritime, pour détruire la flotte russe de Cronstadt comme on avait détruit celle de Sébastopol, ce qui n'eût profité qu'à l'Angleterre. Et quant aux Roumains, si l'Union n'est déjà faite depuis deux ans, c'est que l'Angleterre ne l'a pas voulu.

S'il est une question sur laquelle la France et l'Angleterre devraient être d'accord, c'est assurément celle des Principautés du Danube, car il s'agit non-seulement de l'influence française en Orient, mais de l'influence occidentale elle-même. L'Union des Principautés roumaines sera le signe auquel les peuples jugeront de ce qu'ils peuvent attendre de l'Occident.

La Russie a beaucoup perdu dans la guerre d'Orient : mais moralement elle a moins perdu qu'on ne le croit ; car elle a lutté seule contre tous et non point sans grandeur. Et chaque jour les fautes de la diplomatie européenne relèvent la Russie de l'échec qu'ont éprouvé ses armes. Déjà les chrétiens d'Orient disent : C'est pour nous que la Russie a souffert. La Russie seule sait se battre pour ceux qu'elle protége. Les autres ne donnent que des promesses et des phrases. On ne fait rien pour nous. La Russie avait raison.

C'est grâce à l'appui de la Russie que les Serbes obtinrent la réunion de leurs six districts et l'hérédité de leur prince. Les puissances occidentales veulent-elles qu'on puisse dire que les vœux des Moldo-Valaques qui se sont mis sous leurs auspices sont moins écoutés que ne le furent ceux des Serbes protégés par la Russie seule?

On a justement remarqué cette phrase d'un journal anglais : La politique de la Russie, à l'égard des Principautés Danubiennes, a été de les protéger en vue de son intérêt particulier ; mais le rôle que joue l'Angleterre lui fait sacrifier les chrétiens du Danube sans qu'il en résulte pour elle aucun avantage : c'est là un parjure en pure perte, un illibéralisme gratuit dont elle se rend coupable afin de gagner la faveur de l'Autriche qui ne lui en sera point reconnaissante.

L'Angleterre a-t-elle réfléchi combien son opposition aux vœux des Roumains donne à la Russie un puissant argument? Sa politique actuelle a ceci de particulier, qu'en même temps qu'elle sert moralement la Russie sans le vouloir, elle sert sans le voir matériellement l'Autriche. L'Angleterre n'aurait-elle fait tant de sacrifices que pour que l'Autriche monopolisât le Danube? ou croit-elle avoir intérêt à ce que l'influence autrichienne se substitue en

Orient à celle de la Russie? Serait-ce donc pour un pareil résultat que la libre Angleterre s'acharnerait à faire échouer la régénération d'un peuple qui avait, dès l'origine, mis son espoir en elle non moins qu'en la France.

Quant à l'Autriche, elle invoque dans cette question non l'intérêt des autres, mais le sien uniquement. Elle se plaint que par la constitution d'un Etat roumain sur le Danube, on veuille la placer entre deux Piémonts ; mais la France, ni l'Europe, n'ont pas plus intérêt à laisser l'Autriche s'étendre jusqu'à la mer Noire qu'à la laisser s'adosser aux Alpes.

La Turquie, de son côté, se plaint qu'on veuille la placer entre deux Grèces : or, c'est précisément son entêtement qui peut le mieux produire ce résultat. On se rappelle, en effet, que c'est pour n'avoir point voulu se contenter de la suzeraineté sur les provinces grecques qu'elle perdit tout droit sur elles et qu'elles furent constituées en État indépendant.

La Grande-Bretagne, la France et la Russie s'étaient unies par le traité de Londres du 6 juillet 1827, pour la pacification de la Grèce. Et elles s'engageaient « à combiner leurs efforts dans le but de rétablir la paix entre les Turcs et les Grecs, au moyen d'un arrangement réclamé autant par un sentiment d'humanité que par l'intérêt du repos de l'Europe. » L'arrangement à proposer à la Porte-Ottomane devait reposer sur cette base : « Les Grecs relèveront du Sultan comme d'un seigneur suzerain, et, en conséquence de cette suzeraineté, ils paieront à l'Empire Ottoman une redevance annuelle dont le montant sera fixé une fois pour toutes, d'un commun accord. Ils seront gouvernés par des autorités qu'ils choisiront et nommeront eux-mêmes ; mais à la nomination desquels la Porte aura une part déterminée. »

Et, le 22 mars 1829, il était écrit au protocole de la conférence tenue au Foreign Office : « La Grèce jouira, sous la suzeraineté de la Porte, de l'administration la plus propre à lui garantir la liberté religieuse et commerciale, ainsi que la prospérité et le repos qu'il s'agit de lui assurer. — Dans ce but, cette administration se rapprochera autant que possible des formes monarchiques et sera confiée à un chef ou prince chrétien dont l'autorité sera héréditaire par ordre de primogéniture. — En aucun cas, ce chef ne pourra être choisi parmi les princes des familles qui règnent dans les trois États signataires du traité du 6 juillet 1827 ; et le premier choix s'effectuera de concert entre les trois cours et la Porte-Ottomane. — Pour marquer les relations de vasselage de la Grèce envers l'Empire Ottoman, il sera convenu qu'outre le paiement du tribut annuel, tout chef de la Grèce, quand l'autorité héréditaire lui sera dévolue, recevra l'investiture de la Porte et lui paiera une année de tribut supplémentaire. — En cas d'extinction de la branche régnante, la Porte participera au choix d'un nouveau chef, comme elle aura pris part au choix du premier. »

La Turquie refusa de souscrire aux conditions posées par les puissances alliées, et la guerre continua. Son désastre de Navarin n'avait point suffi à amener la Porte à des sentiments équitables envers la Grèce : il y fallut de plus les événements militaires qui se terminèrent par la paix d'Andrinople (1829), où fut stipulée l'indépendance de la Grèce en même temps que fut consacrée de nouveau l'autonomie des Principautés de Moldavie et de Valachie.

Le 3 février 1830, la Conférence de Londres arrêta : « La Grèce formera un État indépendant et jouira de tous les droits politiques, administratifs et commerciaux attachés à une indépendance complète. Le prince portera le titre de prince souverain de la Grèce. »

Les événements de la Grèce portent avec eux plus d'un enseignement, et d'abord celui-ci : que la Porte eût eu intérêt à céder plus tôt aux vœux des puissances alliées; et encore cet autre : que c'est perdre son temps que de discuter avec les Turcs; qu'ils ne cèdent qu'à la force, seul signe pour eux de la volonté de Dieu.

Mais il est à remarquer que les Roumains se trouvent vis-à-vis de la Porte dans une position plus avantageuse que ne l'étaient les Grecs. Les Grecs avaient été conquis; ils étaient simples sujets des Turcs. Les Roumains ont traité avec les Turcs à l'origine et en ont reçu promesse de protection en même temps qu'assurance que leur autonomie serait respectée. Les Roumains ne demandent à la Porte qu'une chose : le respect des anciens traités. Les puissances européennes, sans doute, ne voudront pas les protéger moins efficacement qu'elles n'ont protégé les Grecs.

Les Grecs se sont insurgés et ils ont été reconnus comme État libre. Si l'on ne faisait rien pour les Roumains, qui ont tout attendu pacifiquement de l'Europe, ce serait déclarer que les peuples n'ont rien à espérer de la diplomatie et ne peuvent rien obtenir que par eux-mêmes et les armes à la main. L'Autriche et la Turquie croient-elles avoir intérêt à ce que les peuples tirent une pareille conséquence? Les puissances de l'Europe verraient-elles un gage de paix générale dans cet avantage reconnu des insurrections ?

Les ministres d'Angleterre sont trop hommes d'État pour ne point sentir qu'il peut y avoir quelque danger à provoquer les vœux d'un peuple pour ne point les satisfaire.

« Le congrès de Paris a dit aux Moldo-Valaques : Nous tiendrons compte de vos vœux. Or, ces vœux sont aujourd'hui formés ; ils sont unanimes.... Faut-il que le parti révolutionnaire européen puisse dire aux Moldo-Valaques : Vous avez voulu vous fier à la justice du congrès et à la bienveillance de la diplomatie : voyez ce qu'il vous en revient. Si vous aviez fait, ou si vous faisiez quelque grande insurrection qui troublât de nouveau toute l'Europe orientale.... vous réussiriez. Les congrès ne sont bons qu'à enregistrer les faits accomplis. » (*Journal des Débats*, nov. 1857.)

On essaie souvent de décourager les sympathies de l'Occident pour les nations orientales en faisant le tableau du triste état de la Grèce : Mais d'abord on exagère ; et d'ailleurs, si la Grèce n'a pu prospérer autant qu'on l'espérait, cela ne tiendrait-il pas surtout à ce que les protecteurs en ont fait un État trop petit? Or, c'est précisément ce qui n'arriverait point avec les Roumains unis en une seule principauté. L'argument de la Grèce que l'on invoque contre les Roumains se retourne ainsi contre ceux qui s'en servent et milite en faveur de l'Union Roumane, puisqu'il montre que l'exiguité du territoire est un obstacle au développement de la prospérité.

La Turquie ne peut point arguer de l'hostilité permanente des Grecs contre elle, pour en conclure qu'elle trouverait un ennemi dans l'État roumain. Car si les Roumains ont constamment réclamé le maintien de leurs droits et résisté aux empiétements des Turcs, pourtant ils ne se sont pas joints contre la Turquie, aux hétairies gréco-slaves de 1821 ; ils ont voulu, en 1848, détruire le protectorat russe, qui n'était pas moins dangereux ni pesant pour la Turquie que pour les Principautés ; en 1853, ils ont refusé de marcher avec les Russes contre les Turcs, mais ils ont, au contraire, demandé à être enrôlés pour la défense de l'Empire Ottoman.—Une fois unis entre eux et leurs rapports réglés avec les Turcs, quelle cause d'hostilité pourrait subsister ? Le Danube sépare les Principautés de l'Empire. N'ayant plus rien à réclamer ni à redouter des Turcs, pourquoi les Roumains attaqueraient-ils les Turcs, puisqu'ils les ont assistés alors qu'ils avaient beaucoup à s'en plaindre ?

La Turquie craint que la création d'un État roumain ne soit d'un dangereux exemple pour les populations de l'Empire. Il y aurait quelque chose de beaucoup plus dangereux, ce seraient les troubles qui ne manqueraient pas d'éclater à la suite d'une grande déception : il en résulterait une anarchie dans les Principautés et dans l'Empire.

Les Turcs ne doivent pas oublier que ce n'est pas uniquement pour eux, mais aussi pour elle-même, que l'Europe a fait la guerre d'Orient, et que, par conséquent, l'Europe, en faisant la paix, a à se préoccuper non point seulement de l'intérêt des Turcs, mais aussi de ses intérêts à elle. Un des ministres les plus distingués de la Grande-Bretagne, M. Labouchère, disait, il y a quelques années : « La guerre se fait non pas tant parce que la Russie a médité une certaine attaque contre la Turquie, que parce qu'elle se livre depuis trop longtemps à une attaque systématique contre toute l'Europe. »—Il importe donc aux intérêts de l'Europe qu'un État roumain soit constitué sur le Danube.

On a souvent dit que l'État roumain serait une Belgique orientale ; mais il y a cette différence, toutefois, que la Belgique est française, tandis que la Roumanie n'est turque ni par la race, ni par la religion, ni par la langue, pas même par le droit de conquête. Si la France consent à laisser subsister la Belgique, qui est une portion arrachée d'elle-même et qui n'a été créée que contre elle,

elle a bien quelque droit de demander qu'on fonde un État roumain qui n'enlève rien à l'Empire Ottoman, mais serait créé pour le préserver des invasions du Nord.

Et si l'État roumain n'est pas constitué, comment l'Angleterre croit-elle donc avoir rempli le but de l'alliance qu'elle contracta avec la France au début de la guerre, le 10 avril 1854? Il était dit : « Art. 1er. Les hautes parties contractantes s'engagent à faire ce qui dépendra d'elles pour opérer le rétablissement de la paix entre la Russie et la Sublime-Porte sur des bases solides et durables, et pour garantir l'Europe contre le retour de regrettables complications qui viennent de troubler si malheureusement la paix générale. » — Où donc l'Angleterre voit-elle des bases solides et durables de paix, et quelle garantie trouve-t-elle qui soit actuellement donnée à l'Europe?

La Conférence de Vienne avait posé quatre garanties, comme bases de la paix : 1° L'abolition du protectorat russe dans les Principautés. Et il fut dit : « Que l'idée, poursuivie par les trois cabinets alliés, n'était pas seulement de soustraire le territoire des Principautés à une influence s'exerçant exclusivement sur elles, mais aussi de faire d'elles une espèce de barrière naturelle qu'il ne serait plus permis de franchir, de façon à menacer l'existence de l'Empire Ottoman. » Mais on n'a rien fait encore pour que cette barrière naturelle existe. — La seconde garantie était : la libre navigation du Danube. La Soulina fut enlevée aux Russes, mais les Autrichiens confisquent le Danube. — La troisième était : la limitation de la puissance russe dans la mer Noire. Il est vrai que le temps a jusqu'ici manqué aux Anglais pour refaire Sébastopol, et aux Russes pour reconstruire leurs vaisseaux. Mais cela se fera. — La quatrième garantie était : l'abandon par la Russie de son protectorat officiel sur les sujets chrétiens du sultan (du rit oriental). Mais on avait promis de nombreuses concessions à ces sujets chrétiens. Et, en dépit du hatti-humaïum, ils sont opprimés comme par le passé. Comment empêchera-t-on donc ces populations chrétiennes de s'insurger et de tendre leurs bras vers la Russie? Et de quel droit même pourrez-vous les blâmer si vous ne savez ou ne pouvez faire respecter leurs droits?

Et c'est pour un tel résultat qu'on aurait fait la guerre d'Orient! Tant d'hommes et plusieurs milliards auraient été sacrifiés pour rien. A moins que l'Angleterre ne trouve que ce soit déjà beaucoup pour elle que la flotte russe ait été détruite à Sébastopol comme la flotte turque à Navarin. Mais il avait été convenu (art. 4 du traité de Londres) : « Que les hautes parties contractantes ne poursuivant aucun but intéressé, renonçaient d'avance à retirer aucun avantage particulier des événements qui pourraient se produire. »

La cause roumaine est devenue une cause vraiment française. Les hommes de tous les partis font des vœux pour son triomphe. On l'a dit : « Toute la question d'Orient se résume aujourd'hui dans les Principautés. C'est là qu'est, en effet, le nœud gordien de cette question qui a si longtemps menacé le repos et la sécurité de l'Europe. Cela explique l'intérêt qu'on attache à tout ce qui se rapporte à la situation actuelle et à l'organisation future de l'ancienne Roumanie, et le soin qu'on met à préparer à cette contrée un avenir meilleur, en même temps qu'à y constituer un état de choses qui assure le but de la guerre d'Orient. » (*Constitutionnel* du 31 juillet 1857.)

La France tient donc à l'Union des Principautés Roumaines comme au premier fruit de la guerre d'Orient. L'honneur de la France est trop fortement engagé dans cette question pour que son gouvernement puisse céder en rien sur ce point. C'est, en effet, l'ambassadeur de France à Vienne qui, le premier, proposa l'Union des Principautés Roumaines; et c'est le premier plénipotentiaire de France qui, au Congrès de Paris, réintroduisit de nouveau la question de l'Union. Le gouvernement français, tant par ses notes au *Moniteur* que par ses représentants à l'étranger, a constamment encouragé la cause de l'Union. Si maintenant elle n'avait pas lieu, on se dirait que le gouvernement de l'Empereur manque de force ou qu'il a manqué de franchise.

C'est surtout parce que l'Union est le projet de la France que certaines puissances le repoussent avec plus de persistance. Elles craignent tout ce qui peut donner quelque prépondérance à la politique française et voudraient lui faire éprouver un échec. Mais c'est une raison de plus pour que le gouvernement français insiste pour l'Union.

La France aurait déjà même quelque droit de se formaliser que l'Union fasse question : puisque les assemblées roumaines avaient été convoquées précisément pour résoudre « les questions de principe non encore résolues au Congrès, » c'est-à-dire, en premier lieu, l'Union. L'Union avait été admise par les plénipotentiaires sous cette condition qu'elle serait voulue par les habitants. Cette condition suspensive se trouve remplie. Donc l'Union existe *ipso facto* : ce serait faire injure à la France que d'hésiter à la proclamer.

Les puissances hostiles à l'Union allaient même jusqu'à refuser que l'Union fût mise aux voix dans le Congrès, sachant que la cause de l'Union y a la majorité. Et cette prétention est d'autant plus singulière, que la France, fût-elle seule, aurait le droit d'exiger l'Union : car, dans les contrats privés, si tel ou tel résultat est soumis à une condition, et que la condition se réalise, le résultat est acquis sans qu'il y ait lieu de compter à nouveau les voix des contractants. Si l'on ne voulait à aucun prix de l'Union des Principautés Roumaines, il fallait le dire quand la France avait encore ses flottes dans la mer Noire et ses soldats dans Sébastopol et dans Constantinople.

Si la France ne cède point, ce sera la guerre, dira-t-on... Mais avec qui ? Quelle puissance en Europe est donc si désireuse de la guerre, si bien prête, si bien certaine d'en tirer avantage qu'elle n'hésite point à refuser à la France une juste demande, dût la guerre en résulter : à faire de l'Union promise un *casus belli.*

Si la Turquie est obligée de reconnaître que l'appui de l'Angleterre n'eût pas suffi à la sauver de l'invasion russe, et que l'intervention de la France lui a été plus efficace que la neutralité autrichienne, comment pense-t-elle pouvoir résister à la demande de la France, de la Prusse, de la Sardaigne et de la Russie ? Quand ses troupes se sont laissé battre par une poignée de Monténégrins, est-ce bien le moment d'élever aussi haut la voix ?

Pourquoi se préoccuper de ce que veut l'Autriche, qui ne se soutient que grâce à la paix européenne et par la tolérance des puissances, qui craint la colère de la Russie et qui est à la merci du premier coup de feu tiré en Europe ?

Et l'Angleterre est réellement peu en position de mettre obstacle aux vues légitimes de la France. Elle a sa guerre des Indes, et ses amiraux eux-mêmes reconnaissent hautement la puissance militaire de la marine française. La France ne pourrait-elle donc avec autant de vérité redire aux ministres anglais ce que Napoléon écrivait en 1805 au roi d'Angleterre : « La paix est le vœu de mon cœur, mais la guerre n'a jamais été contraire à ma gloire. »

La France ne peut pas accepter que la guerre d'Orient, qui lui a tant coûté, reste sans le moindre résultat positif. Faudra-t-il, pour l'obtenir, recommencer la guerre? Mieux vaudrait mille fois la guerre que le moindre déshonneur pour le drapeau français.

Au début de la guerre d'Orient, l'ambassadeur de France à Constantinople disait : « La France ne craint pas la guerre. Fidèle à l'esprit de sa mission révélée par l'empereur Napoléon lui-même, la France veut la paix, mais elle la veut durable, loyale, honorable pour elle. »

C'est la même pensée de Napoléon qui, au lendemain d'Austerlitz, pressé de faire la paix au plus vite, répondit à son frère Joseph : « Laissez crier vos bourgeois, ils ne savent ce qu'ils disent. La paix n'est rien, les conditions de la paix sont tout. »

La guerre n'est décriée que par ceux qui verraient dans la paix quand même la justification des dix-huit ans de paix à tout prix, qui voudraient faire descendre ce gouvernement au niveau de la couardise du dernier règne, assurés alors que ce serait le commencement de la fin.

Certaines puissances font grand bruit de leurs craintes d'un coup d'État européen; elles feraient mieux de renoncer à vouloir infliger à la France un Waterloo diplomatique.

18 Juin 1858.

www.ingramcontent.com/pod-product-compliance
Ingram Content Group UK Ltd.
Pitfield, Milton Keynes, MK11 3LW, UK
UKHW020217200726
13856UKWH00004B/1440